de School - škola	2
de Törn - cesta	5
de Transport - transport	8
de Stadt - město	10
de Landschop - krajina	14
dat Spieslokal - restaurace	17
de Supermarkt - supermarket	20
de Drünk - nápoje	22
dat Eten - jídlo	23
de Buernhoff - usedlost	27
dat Huus - dům	31
de Wahnstuuv - obývací pokoj	33
de Köök - kuchyně	35
de Baadstuuv - koupelna	38
de Kinnerstuuv - dětský pokoj	42
dat Tüüch - oblečení	44
dat Büro - kancelář	49
de Weertschop - hospodářství	51
de Profeschonen - povolání	53
dat Warktüüch - nářadí	56
de Musikinstrumenten - hudební nástroje	57
de Deertenpark - zoo	59
de Sport - sport	62
de Aktivitäten - aktivity	63
de Familje - rodina	67
de Lief - tělo	68
dat Krankenhuus - nemocnice	72
de Nootfall - urgentní případ	76
de Eerd - země	77
de Klock - hodiny	79
de Week - týden	80
dat Johr - rok	81
de Formen - tvary	83
de Farven - barvy	84
de Gegendelen - protiklady	85
de Tallen - čísla	88
de Spraken - jazyky	90
wokeen / wat / wo - Kdo / co / jak	91
wo - kde	92

Impressum
Verlag: BABADADA GmbH, Nedderfeld 112 , 22529 Hamburg
Geschäftsführer / Verlagsleitung: Harald Hof
Druck: Books on Demand GmbH, In de Tarpen 42, 22848 Norderstedt

Imprint
Publisher: BABADADA GmbH, Nedderfeld 112 , 22529 Hamburg, Germany
Managing Director / Publishing direction: Harald Hof
Print: Books on Demand GmbH, In de Tarpen 42, 22848 Norderstedt, Germany

de School
škola

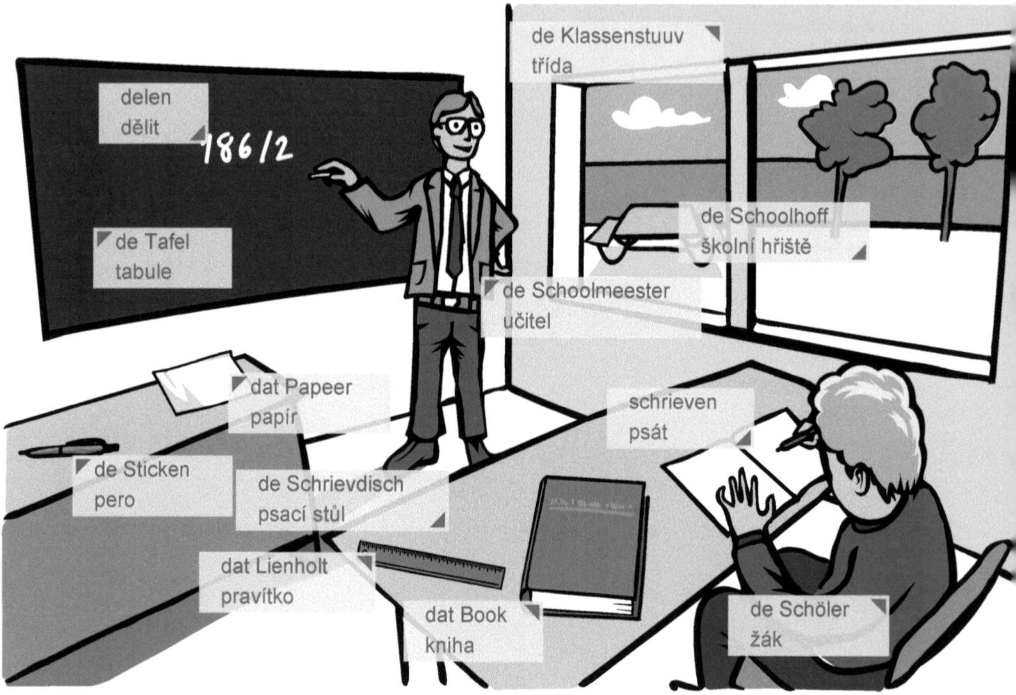
de Klassenstuuv
třída
delen
dělit
186/2
de Tafel
tabule
de Schoolhoff
školní hřiště
de Schoolmeester
učitel
dat Papeer
papír
schrieven
psát
de Sticken
pero
de Schrievdisch
psací stůl
dat Lienholt
pravítko
dat Book
kniha
de Schöler
žák

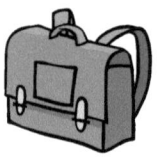

de Ranzel
aktovka

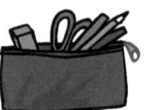

de Feddermapp
penál

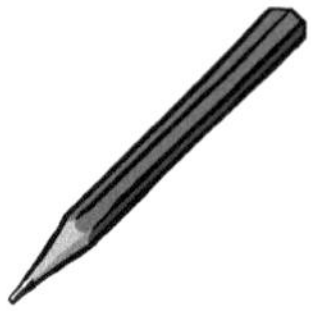

de Bleesticken
tužka

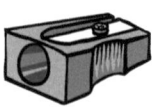

de Scharpmaker
ořezávátko

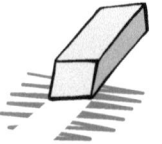

dat Radeergummi
guma

de Tekenblock
blok na kreslení

de Teken
výkres

de Pinsel
štětec

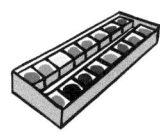

de Malkassen
malířské potřeby

de Scheer
nůžky

de Klever
lepidlo

dat Heft to'n Öven
cvičebnice

de Huusopgaav
domácí úkol

12

de Tall
počet

2+2

tohooptellen
sčítat

5-2

aftrecken
odčítat

2×2

malnehmen
násobit

reken
počítat

de Bookstaav
písmeno

ABCDEFG HIJKLMN OPQRSTU VWXYZ

dat ABC
abeceda

dat Woort
slovo

de Text

text

lesen

číst

de Kried

křída

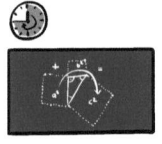

de Stunn

hodina

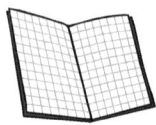

dat Klassenbook

třídní kniha

de Pröven

zkouška

dat Tüügnis

vysvědčení

de Schooluniform

školní uniforma

de Utbillen

vzdělání

dat Nakieksel

encyklopedie

de Universität

univerzita

dat Mikroskop

mikroskop

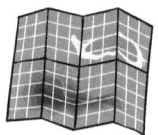

de Koort

karta

de Papeerkorf

odpadkový koš na papír

de Törn
cesta

dat Hotel
hotel
Grand
de Harbarg
ubytovna
ROOMS
de Wesselstuuv
směnárna
CHANGE
de Kuffer
kufr
dat Auto
auto

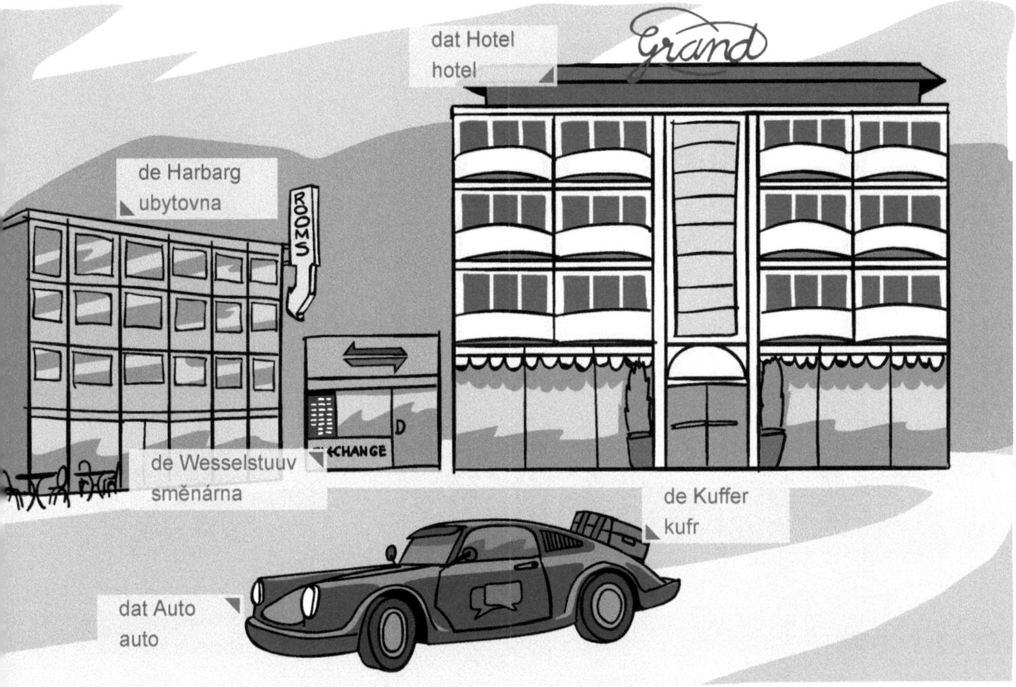

de Spraak

jazyk

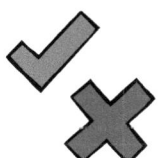

jo / ne

ano / ne

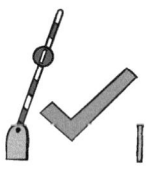

Jo

oukej

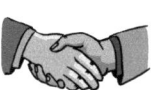

Moin

Ahoj!

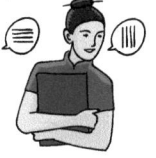

de Översetter

překladatel

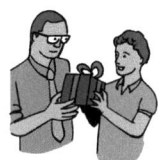

Dank ok

děkuji

Wat kost...?

Kolik stojí...?

Ik verstah nich

nerozumím

dat Problem

problém

Goden Avend

Dobrý večer!

Moin!

Dobré ráno!

Gode Nacht!

Dobrou noc!

Tschüüs

na shledanou

de Richt

směr

de Bagaasch

zavazadlo

de Tasch

taška

de Rüchsack

batoh

de Gast

host

de Stuuv

pokoj

de Slaapsack

spací pytel

dat Telt

stan

Touristeninformatschoon

turistické informace

de Strand

pláž

de Kreditkoort

kreditní karta

dat Fröhstück

snídaně

dat Meddageten

oběd

dat Avendeten

večeře

de Fohrkort

jízdenka

de Fohrstohl

výtah

de Breefmark

poštovní známka

de Grenz

hranice

de Toll

clo

de Bottschop

poselství

dat Visum

vízum

de Pass

pas

de Törn - cesta

de Transport
transport

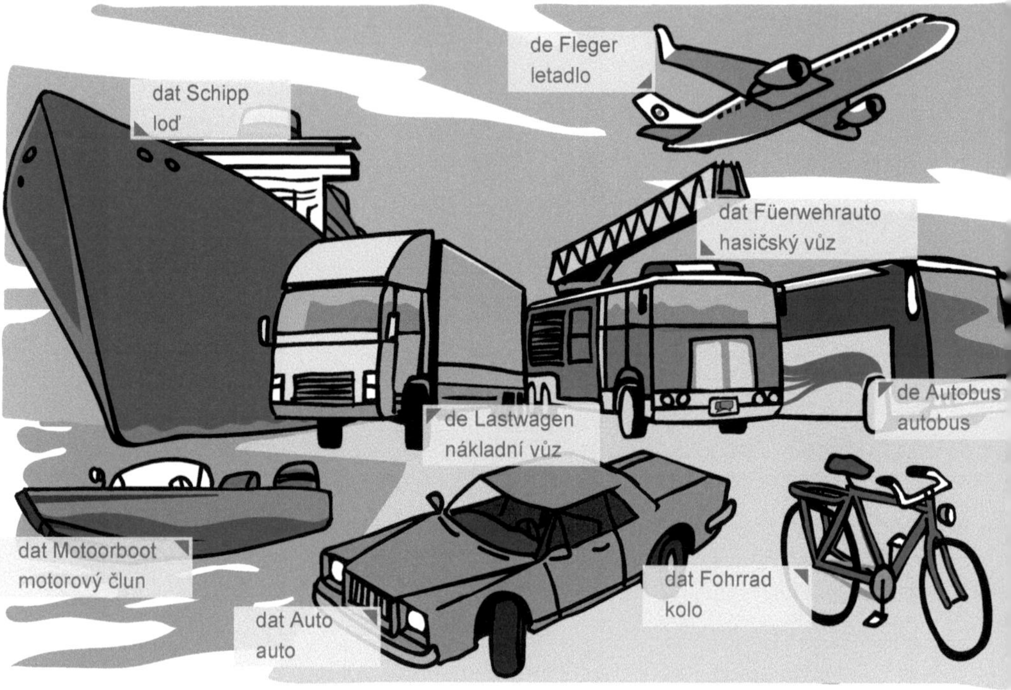

de Fleger
letadlo
dat Schipp
loď
dat Füerwehrauto
hasičský vůz
de Autobus
autobus
de Lastwagen
nákladní vůz
dat Motoorboot
motorový člun
dat Fohrrad
kolo
dat Auto
auto

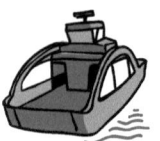

de Fähr

přívoz

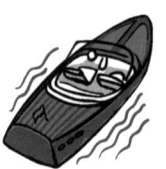

dat Boot

člun

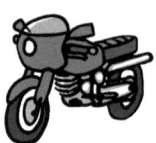

dat Motoorrad

motorka

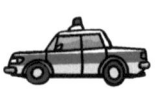

dat Polizeiauto

policejní auto

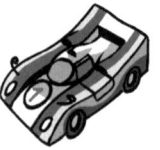

dat Rönnauto

závodní auto

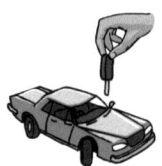

de Lehnwagen

pronajaté auto

dat Carsharing

sdílení aut

de Afsleepwagen

odtahová služba

dat Müllauto

popelářský vůz

de Motoor

motor

de Kraftstoff

palivo

de Tanksteed

čerpací stanice

dat Verkehrsschild

dopravní značka

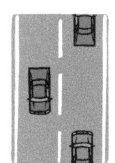

de Verkehr

doprava

de Stau

dopravní zácpa

de Afstellplatz

parkoviště

de Bahnhoff

vlakové nádraží

de Sporen

koleje

de Tog

vlak

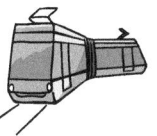

de Stratenbahn

tramvaj

de Wagon

vagón

de Dwarsmöhl

helikoptéra

de Flooghaven

letiště

de Tower

věž

de Fohrgast

pasažér

de Grootkist

kontejner

de Karton

kartón

de Koor

trakař

de Korf

koš

starten / lannen

vzlétnout / přistát

de Stadt
město

dat Dörp

vesnice

de Binnenstadt

střed města

dat Huus

dům

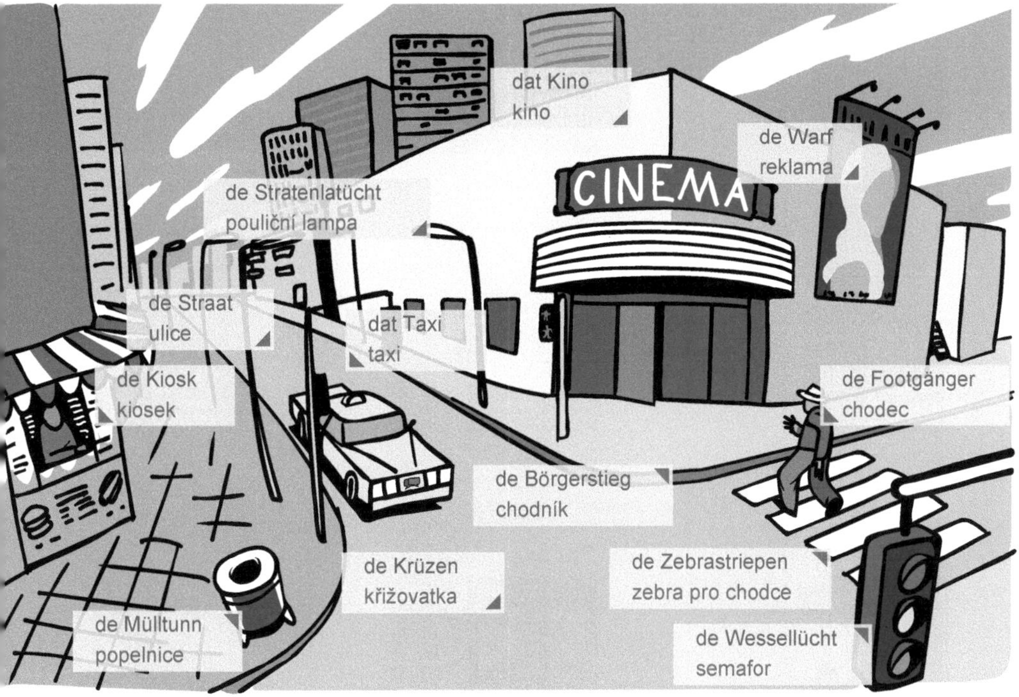
dat Kino
kino
de Warf
reklama
CINEMA
de Stratenlatücht
pouliční lampa
de Straat
ulice
dat Taxi
taxi
de Kiosk
kiosek
de Footgänger
chodec
de Börgerstieg
chodník
de Krüzen
křižovatka
de Zebrastriepen
zebra pro chodce
de Mülltunn
popelnice
de Wessellücht
semafor

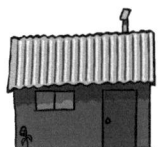

de Hütt

chata

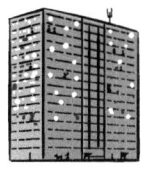

de Wahnung

byt

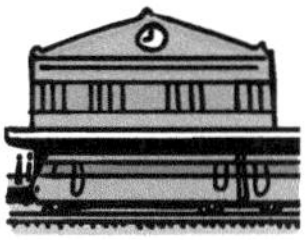

de Bahnhoff

vlakové nádraží

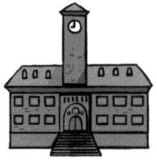

dat Raathuus

radnice

MUSEUM

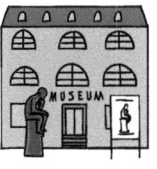

dat Museum

muzeum

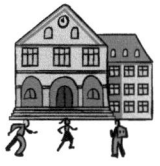

de School

škola

de Universität

univerzita

de Bank

banka

dat Krankenhuus

nemocnice

dat Hotel

hotel

de Afteek

lékárna

dat Büro

kancelář

de Bookhökerie

knihkupectví

de Hökerie

obchod

de Blomenhökerie

květinářství

de Supermarkt

supermarket

de Markt

tržnice

dat Koophuus

obchodní dům

de Fischhökerie

rybárna

dat Inkoopszentrum

nákupní centrum

de Haven

přístav

de Stadt - město

de Parkanlaag

park

de Bank

lavička

de Brüch

most

de Trepp

schody

de Ünnergrundbahn

metro

de Tunnel

tunel

de Busstoppsteed

autobusová zastávka

de Bar

bar

dat Spieslokal

restaurace

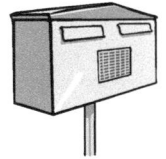

de Breefkassen

poštovní schránka

dat Stratenschild

pouliční tabule

de Parkklock

parkovací hodiny

de Deertenpark

zoo

de Baadanstalt

plovárna

de Moschee

mešita

de Buernhoff

usedlost

de Ümweltversmudden

znečišťování životního prostředí

de Karkhoff

hřbitov

de Kark

církev

de Speelplatz

hřiště

de Tempel

chrám

de Landschop
krajina

![Landscape illustration]

dat Blatt
list

de Wiespahl
rozcestník

de Weg
cesta

de Wisch
louka

de Steen
kámen

de Boom
strom

de Wannerer
turista

de Fluss
řeka

dat Gras
tráva

de Bloom
květina

dat Daal

údolí

de Barg

hora

de See

jezero

dat Holt

les

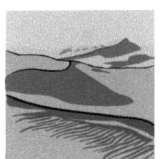

de Wööst

poušť

de Füerspien Barg

sopka

dat Slott

zámek

de Regenbagen

duha

de Poggenstohl

houba

de Palm

palma

de Steekmück

komár

de Fleeg

moucha

de Miegeemk

mravenec

de Imm

včela

de Spinn

pavouk

de Sebber

brouk

de Pogg

žába

de Katteker

veverka

de Swienegel

ježek

de Haas

zajíc

de Uul

sova

de Vagel

pták

de Swaan

labuť

dat Wildswien

divoké prase

de Hirsch

jelen

de Elk

los

de Staudamm

přehrada

dat Windrad

větrné kolo

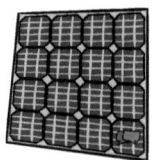

dat Solarmodul

solární panel

dat Klima

podnebí

dat Spieslokal
restaurace

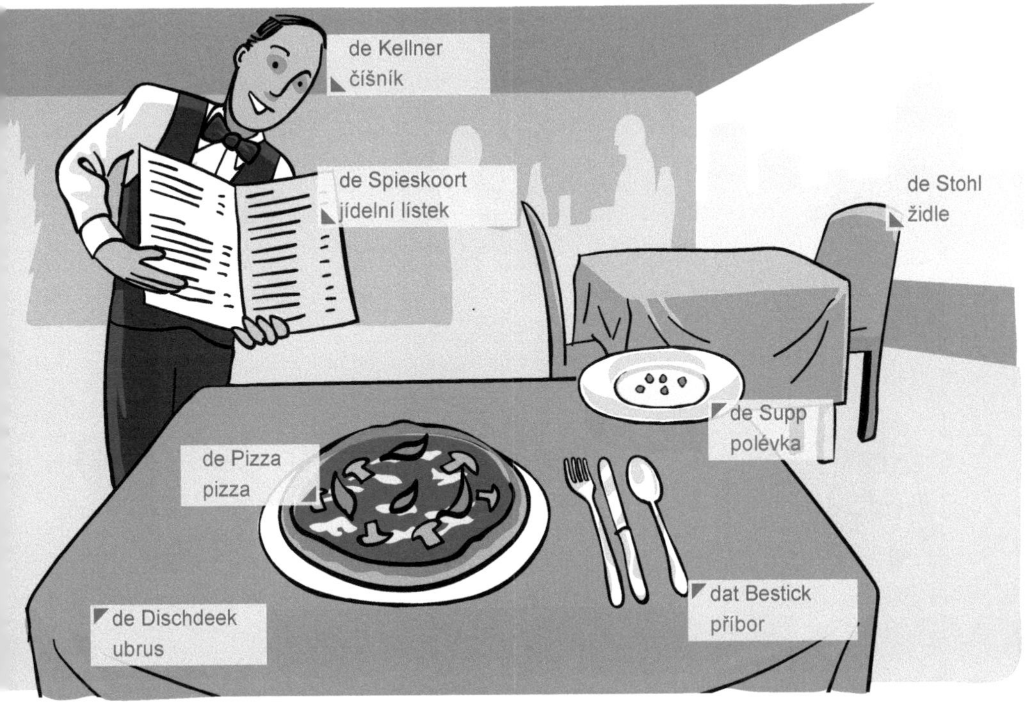

de Kellner
číšník
de Spieskoort
jídelní lístek
de Stohl
židle
de Supp
polévka
de Pizza
pizza
dat Bestick
příbor
de Dischdeek
ubrus

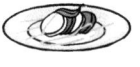

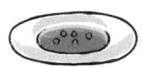

de Vörspies

předkrm

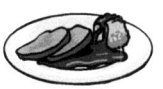

dat Haupteten

hlavní chod

de Nadisch

dezert

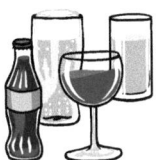

de Drünk

nápoje

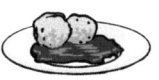

dat Eten

jídlo

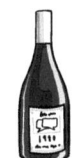

de Buddel

láhev

dat Fastfood

rychlé občerstvení

dat Strateneten

pouliční občerstvení

de Teekann

čajová konvice

de Zuckerdoos

cukřenka

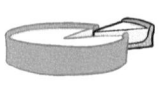

de Portschoon

porce

de Espressomaschien

kávovar na espresso

de Hoochstohl

dětská stolička

de Reken

faktura

dat Tablett

tác

dat Mess

nůž

de Gavel

vidlička

de Lepel

lžíce

de Teelepel

čajová lyžička

dat Munddook

ubrousek

dat Glas

sklenička

dat Spieslokal - restaurace

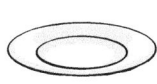

de Töller

talíř

de Suppentöller

talíř na polévku

de Ünnertass

podšálek

de Sooß

omáčka

de Soltstreuer

slánka

de Pepermöhl

mlýnek na pepř

de Etig

ocet

dat Ööl

olej

de Krüder

koření

de Ketchup

kečup

de Mostrich

hořčice

de Mayonnaise

majonéza

dat Anbott
nabídka

de Kunn
zákazník

de Melkprodukten
mléčné výrobky

dat Aaft
ovoce

de Inkoopswagen
nákupní vozík

FOR

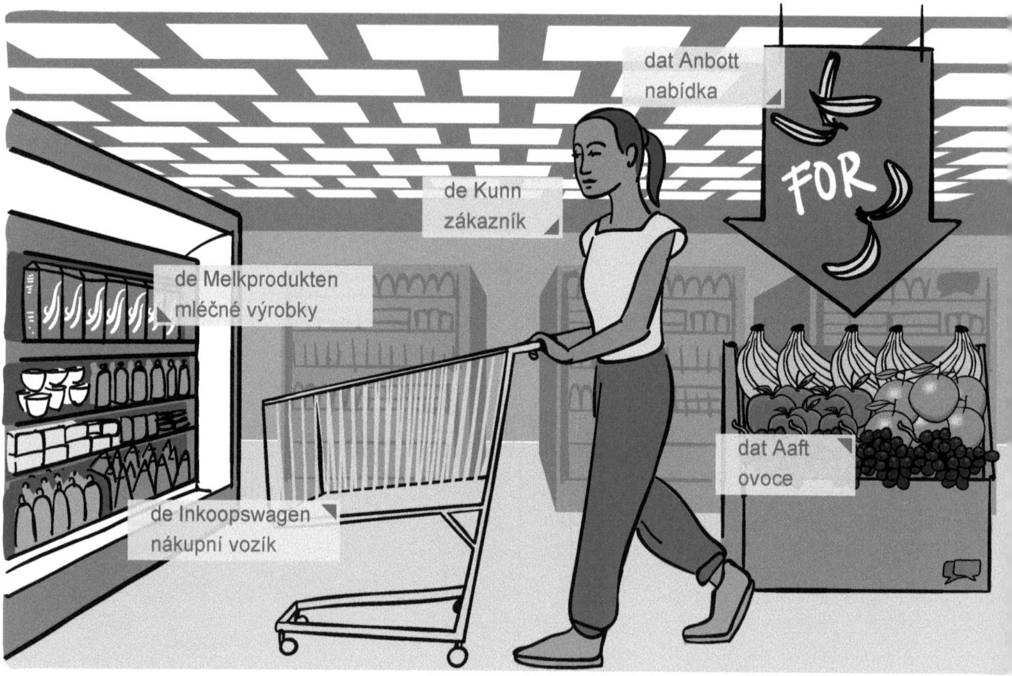

de Slachterie

masna

de Bäckerie

pekařství

wegen

vážit

de Gröönsaken

zelenina

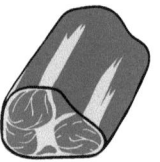

dat Fleesch

maso

de Deepköhlkost

mražené potraviny

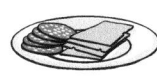

de Opsnitt

obložený talíř

de Konserven

konzervy

de Waschmiddel

prací prášek

de Snoopkraam

cukrovinky

de Huushooltssaken

výrobky pro domácnost

de Reinmaaktüüch

čisticí prostředek

de Verköpersche

prodavačka

de Kass

pokladna

de Kasserer

pokladní

de Inkoopslist

nákupní seznam

de Opsparrtieden

otevírací doba

de Breeftasch

peněženka

de Kreditkoort

kreditní karta

de Tasch

taška

de Plastiktüüt

igelitová taška

dat Water

voda

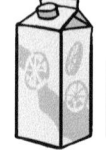

de Saft

džus

de Melk

mléko

de Cola

kola

de Wien

víno

dat Beer

pivo

de Spriet

alkohol

de Kakao

kakao

de Tee

čaj

de Koffie

káva

de Espresso

espresso

de Cappucino

kapučíno

de Banaan

banán

de Appel

jablko

de Appelsien

pomeranč

de Meloon

meloun

de Zitroon

citrón

de Wöttel

mrkev

de Knuuvlook

česnek

de Bambus

bambus

de Zibbel

cibule

de Poggenstohl

houba

de Nööt

ořechy

de Nudeln

těstoviny

de Spaghetti	de Ries	de Salat
špageti	rýže	salát

de Pommes frites	de Braadkantüffeln	de Pizza
hranolky	americké brambory	pizza

de Hamborger	dat Sandwich	dat Snitzel
hamburger	sendvič	řízek

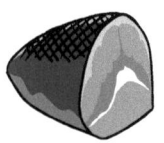

de Schinken	de Salami	de Wust
šunka	salám	salám

dat Hohn	de Braden	de Fisch
kuře	pečeně	ryby

de Haverflocken

ovesné vločky

dat Müsli

müsli

de Cornflakes

vločky

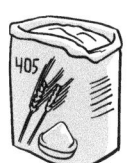

dat Mehl

mouka

de Croissant

croissant

dat Rundstück

houska

dat Broot

chléb

dat Toast

toast

de Keksen

sušenky

de Botter

máslo

de Quark

tvaroh

de Koken

buchta

dat Ei

vejce

dat Spegelei

volské oko

de Kees

sýr

de Ies

zmrzlina

de Zucker

cukr

de Honnig

med

de Marmelaad

marmeláda

de Nougat-Creme

nugátový krém

dat Curry

kari

de Buernhoff
usedlost

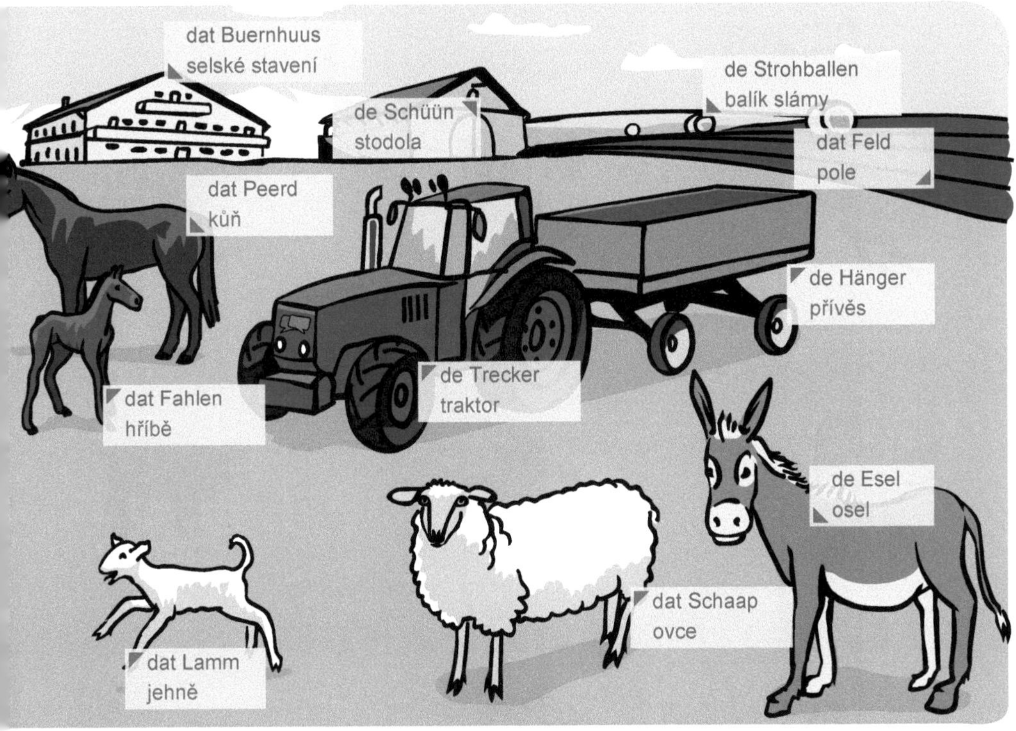

dat Buernhuus
selské stavení
de Schüün
stodola
de Strohballen
balík slámy
dat Feld
pole
dat Peerd
kůň
de Hänger
přívěs
de Trecker
traktor
dat Fahlen
hříbě
de Esel
osel
dat Schaap
ovce
dat Lamm
jehně

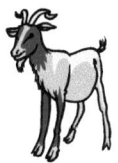

de Zeeg
koza

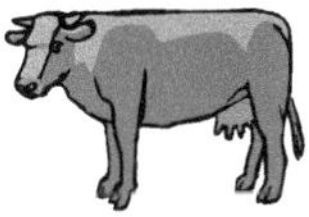

de Koh
kráva

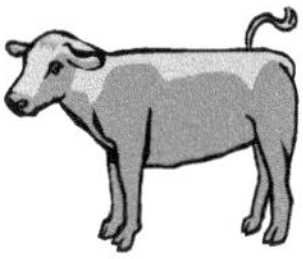

dat Kalf
tele

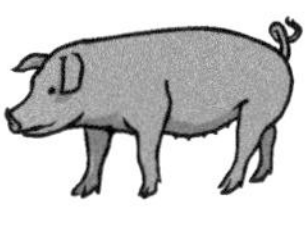

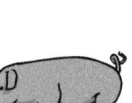

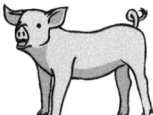

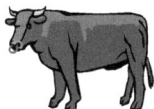

dat Swien
prase

dat Farken
sele

de Bull
býk

de Goos

husa

de Aant

kachna

dat Küken

kuře

dat Hohn

slepice

de Hahn

kohout

de Rott

krysa

de Katt

kočka

de Muus

myš

de Oss

vůl

de Hund

pes

de Hunnenhütt

psí bouda

de Goornslauch

zahradní hadice

de Geetkann

kropicí konev

de Lee

kosa

de Ploog

pluh

de Sich

srp

de Hack

motyka

de Mestfork

vidle

de Ext

sekera

de Schuufkoor

kolecko

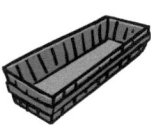

de Trog

koryto

de Melkkann

konev na mléko

de Sack

pytel

de Tuun

plot

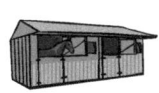

de Stall

stáj

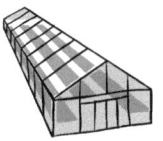

dat Drievhuus

skleník

de Bodden

půda

de Saat

osivo

de Dünger

hnojivo

de Meihdöscher

kombajn

oornen
....
sklidit

de Oorn
....
sklizeň

de Yamswöttel
....
smldinec

de Weten
....
pšenice

dat Soja
....
sója

de Kantüffel
....
brambora

de Törksche Weten
....
kukuřice

de Rapp
....
řepka

de Aaftboom
....
ovocný strom

de Troopsch Kantüffel
....
maniok

dat Koorn
....
obilí

dat Huus
dům

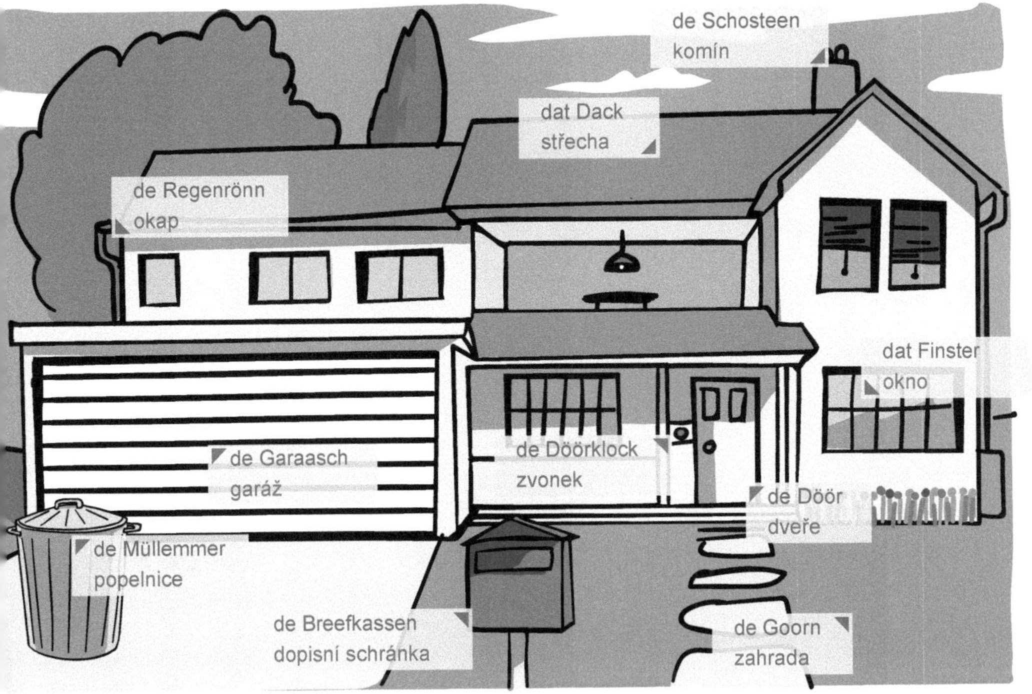
de Schosteen
komín
dat Dack
střecha
de Regenrönn
okap
dat Finster
okno
de Garaasch
garáž
de Döörklock
zvonek
de Döör
dveře
de Müllemmer
popelnice
de Breefkassen
dopisní schránka
de Goorn
zahrada

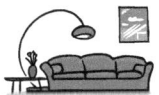

de Wahnstuuv

obývací pokoj

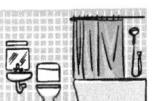

de Baadstuuv

koupelna

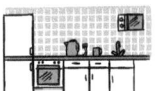

de Köök

kuchyně

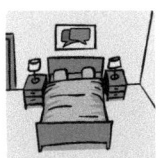

de Slaapstuuv

ložnice

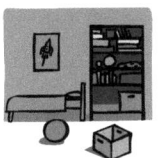

de Kinnerstuuv

dětský pokoj

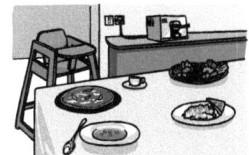

de Eetstuuv

jídelna

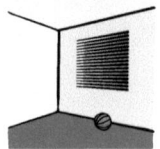

de Footbodden

podlaha

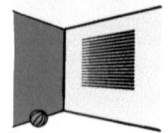

de Wand

zeď

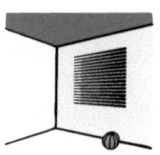

de Deek

deka

de Keller

sklep

dat Hittluftbad

sauna

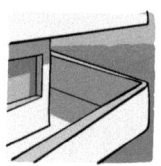

de Balkon

balkón

de Terrass

terasa

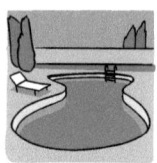

dat Swümmbad

bazén

de Rasenmeiher

sekačka na trávu

de Bettbetog

ložní prádlo

de Bettdeek

lůžková přikrývka

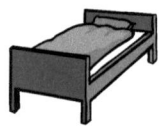

de Puuch

postel

de Bessen

smeták

de Emmer

kýbl

de Schalter

vypínač

de Wahnstuuv
obývací pokoj

de Tapeet
tapeta
dat Bild
obrázek
de Lamp
žárovka
dat Regal
police
dat Schapp
skříň
de Kiekkassen
televizor
de Kamin
komín
de Bloom
květina
dat Küssen
polštář
dat Sofa
gauč
de Vaas
váza
de Feernbedenen
dálkový ovladač

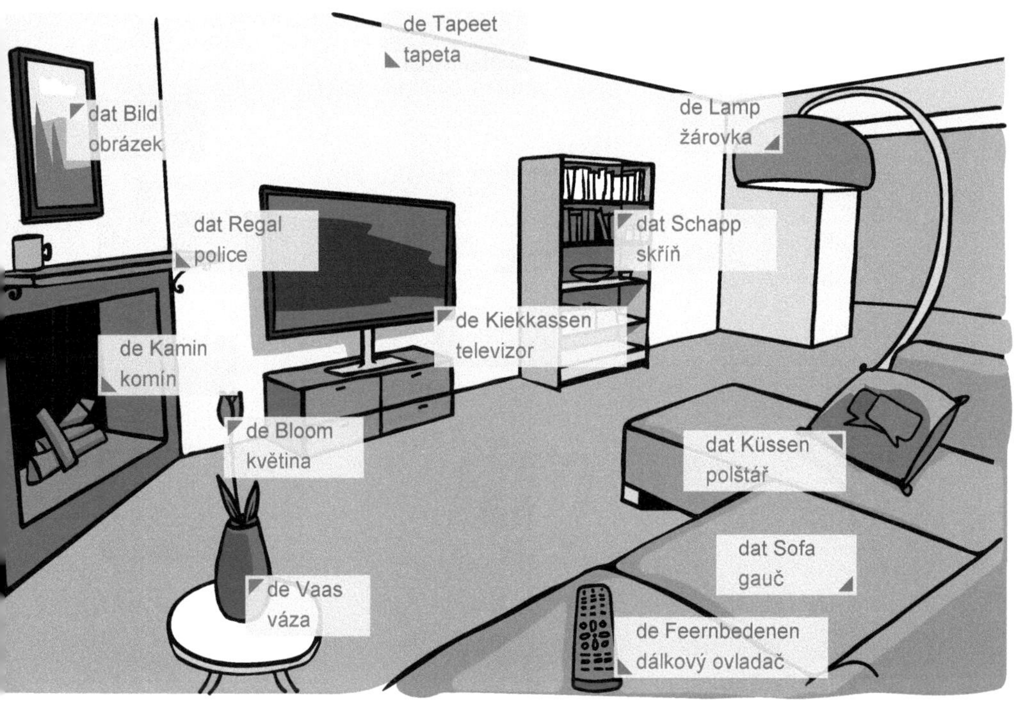

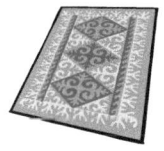

de Teppich

koberec

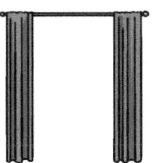

de Vörhang

závěs

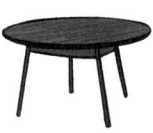

de Disch

stůl

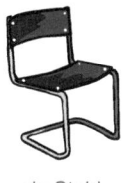

de Stohl

židle

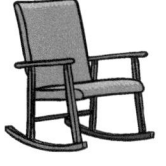

de Schuckelstohl

houpací křeslo

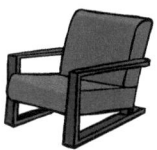

de Sessel

křeslo

dat Book

kniha

de Deek

strop

de Dekoratschoon

ozdoba

dat Füerholt

palivové dříví

de Film

film

de Stereoanlaag

stereo souprava

de Slötel

klíč

dat Narichtenblatt

noviny

dat Gemälde

malba

dat Poster

plakát

dat Radio

rádio

de Opschrievblock

poznámkový blok

de Huulbessen

vysavač

de Kaktus

kaktus

de Kars

svíce

de Köök
kuchyně

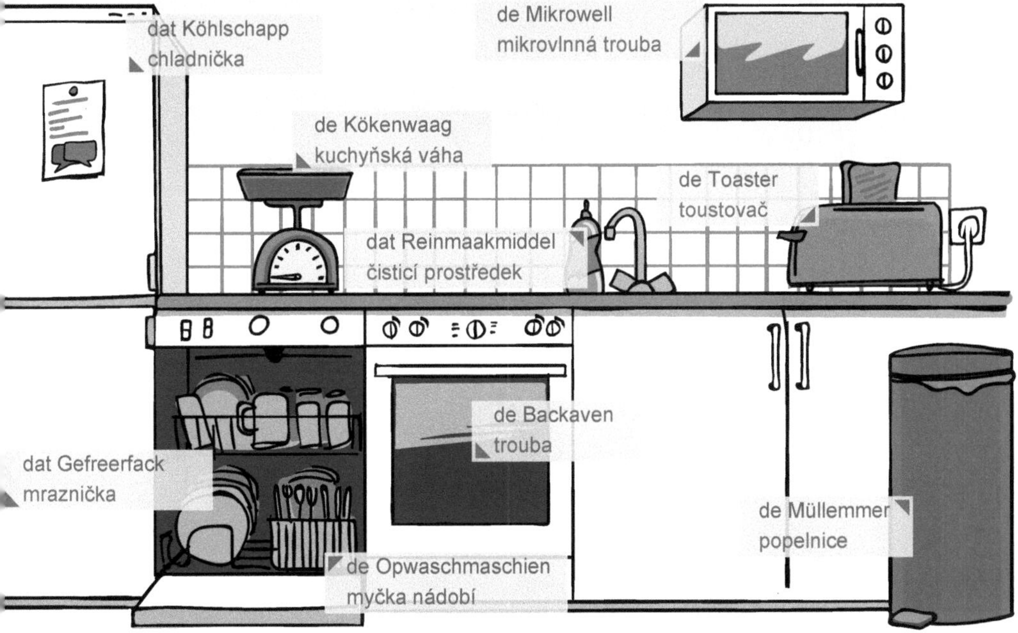

dat Köhlschapp
chladnička
de Mikrowell
mikrovlnná trouba
de Kökenwaag
kuchyňská váha
de Toaster
toustovač
dat Reinmaakmiddel
čisticí prostředek
de Backaven
trouba
dat Gefreerfack
mraznička
de Müllemmer
popelnice
de Opwaschmaschien
myčka nádobí

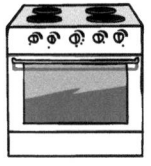

de Heerd

sporák

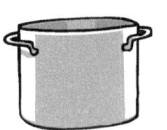

de Pott

hrnec

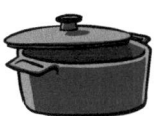

de Gussiesern Putt

litinový hrnec

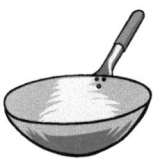

de Wok / Kadai

wok / kadai

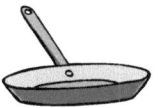

de Pann

pánev

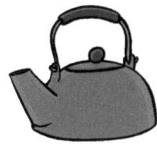

de Waterkaker

varná konvice

de Dampkaakputt

parní hrnec

dat Backblick

plech na pečení

dat Geschirr

nádobí

de Beker

hrnek

de Schaal

miska

de Eetsticken

jídelní hůlky

de Suppenkell

naběračka

de Pannenwenner

obracečka

de Sneebessen

metla

dat Kaakseef

síto

dat Seef

cedník

de Riev

struhadlo

de Mörser

hmoždíř

de Grill

gril

de Füerstell

ohniště

dat Sniedbrett

prkénko na krájení

dat Nudelholt

váleček na těsto

de Proppentrecker

vývrtka

de Doos

dóza

de Dosenaapner

otvírák na konzervy

de Pottlappen

chňapka

dat Waschbecken

umyvadlo

de Böst

kartáč na nádobí

de Swamm

houba

de Mixer

mixér

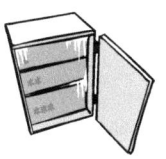

dat Iesschapp

mrazák

de Nuckelbuddel

dětská lahev

de Waterhahn

kohoutek

de Baadstuuv
koupelna

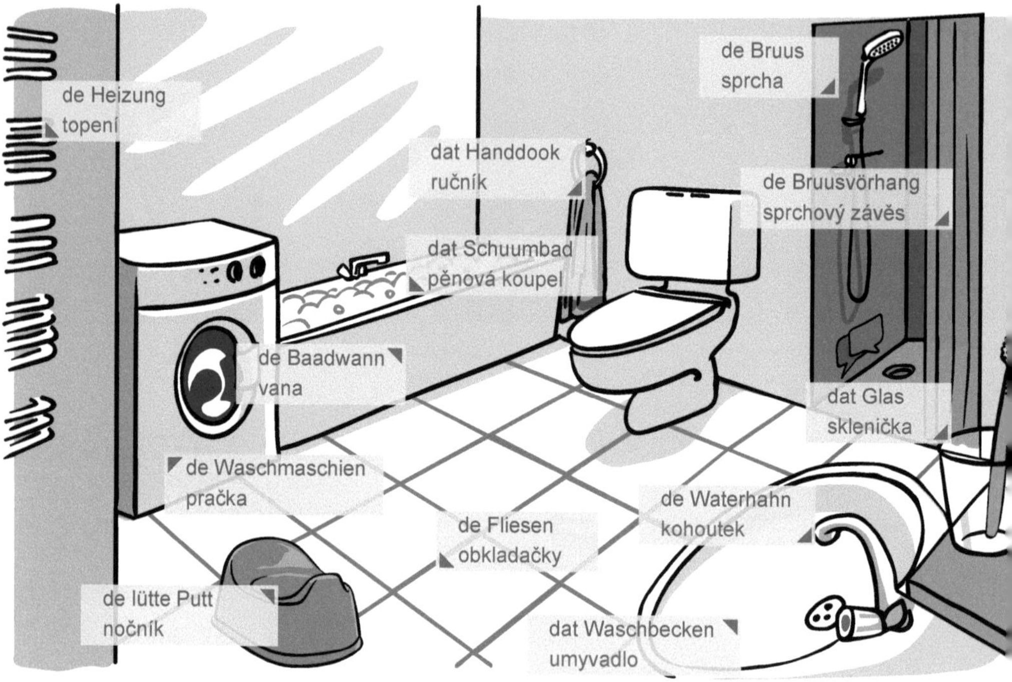
de Heizung
topení
dat Handdook
ručník
de Bruus
sprcha
de Bruusvörhang
sprchový závěs
dat Schuumbad
pěnová koupel
de Baadwann
vana
dat Glas
sklenička
de Waschmaschien
pračka
de Waterhahn
kohoutek
de Fliesen
obkladačky
de lütte Putt
nočník
dat Waschbecken
umyvadlo

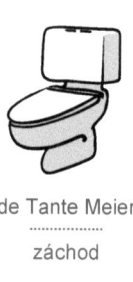

de Tante Meier
záchod

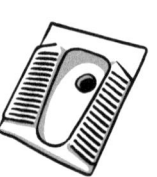

de Hockklo
turecký záchod

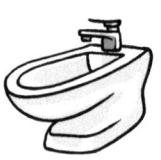

dat Bidet
bidet

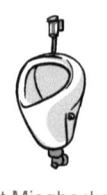

dat Miegbecken
pisoár

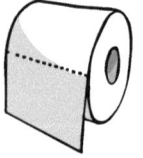

dat Klopapeer
toaletní papír

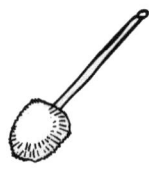

de Kloböst
záchodová štětka

de Tähnböst

zubní kartáček

de Tähnpast

zubní pasta

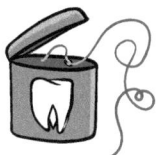

de Tähnsied

zubní niť

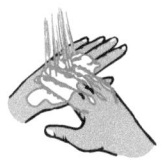

waschen

mýt

de Handbruus

ruční sprcha

de Intimbruus

intimní sprcha

de Waschschöttel

umyvadlo

de Rüchböst

kartáč na záda

de Seep

mýdlo

dat Bruusgeel

sprchový gel

dat Hoorwaschmiddel

šampón

de Waschlappen

žínka

de Afloop

odpad

de Creme

krém

dat Deodorant

deodorant

de Spegel

zrcadlo

de Kosmetikspegel

kosmetické zrcátko

de Raserer

holicí strojek

de Raseerschuum

pěna na holení

dat Raseerwater

voda po holení

de Kamm

hřeben

de Böst

kartáč

de Hoordröger

fén

dat Hoorspray

lak na vlasy

de Smink

makeup

de Lippensticken

rtěnka

de Nagellack

lak na nehty

de Watt

vata

de Nagelscheer

nůžky na nehty

dat Rüükwater

parfém

de Kulturbüdel

'ška s toaletními potřebami

de Schemel

stolička

de Waag

váha

de Baadmantel

župan

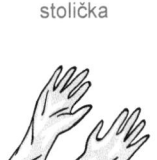

de Gummihanschen

gumové rukavice

de Tampon

tampón

de Damenbinn

dámská vložka

dat Chemieklo

chemická toaleta

de Kinnerstuuv
dětský pokoj

de Wecker
budík
dat Knudeldeert
plyšová hračka
dat Speeltüüchauto
autíčko
de Klöter
chrastítko
dat Poppenhuus
domeček pro panenky
dat Geschenk
dárek

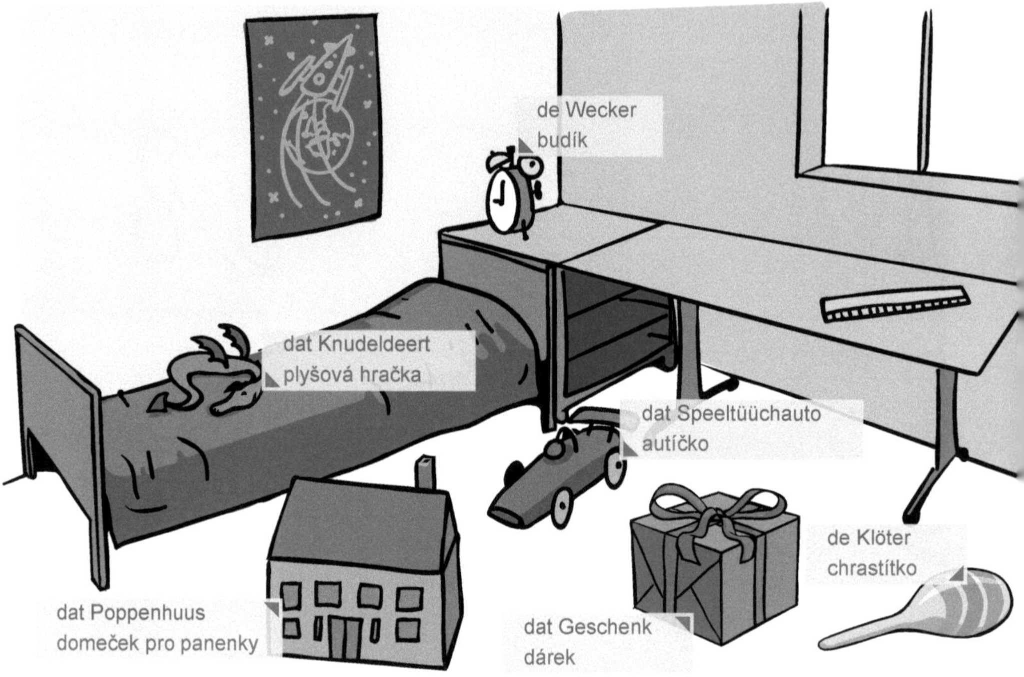

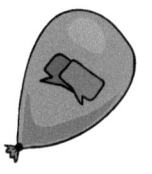

de Luftballon

balón

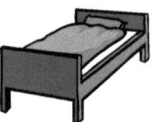

de Puuch

postel

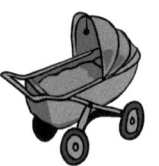

de Kinnerwagen

kočárek

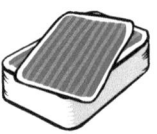

dat Koortenspeel

balíček karet

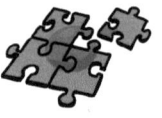

dat Puzzle

puzzle

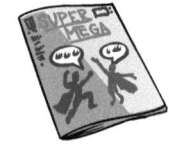

de Billergeschicht

komiks

de Legostenen

lego kostky

de Bustenen

stavebnice

de Action-Figur

akční figurka

de Strampelantog

dupačky

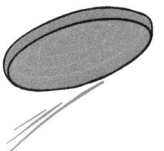

de Frisbeeschiev

frisbee

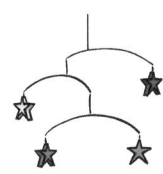

dat Mobile

závěsné hračky nad
postýlku

dat Brettspeel

desková hra

de Wörpel

kostky

de Modelliesenbahn

modelová železnice

de Snuller

dudlík

de Party

oslava

dat Billerbook

obrázková kniha

de Ball

míč

de Popp

panenka

spelen

hrát si

de Sandkassen
pískoviště

de Schuckel
houpačka

dat Speeltüüch
hračky

de Speelkonsool
hrací konzole

dat Dreerad
tříkolka

de Teddyboor
medvídek

dat Klederschapp
šatník

dat Tüüch
oblečení

de Socken
ponožky

de Strümp
punčochy

de Strumpbüx
punčochové kalhoty

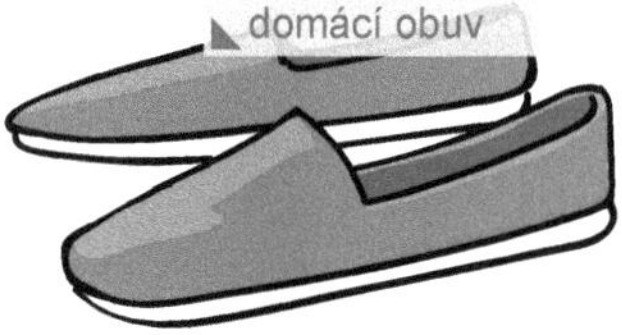

dat Halsdook
šála

de Paraplü
deštník

dat T-Shirt
tričko

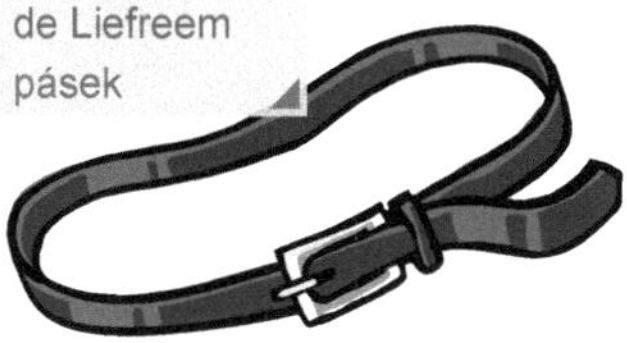

de Liefreem
pásek

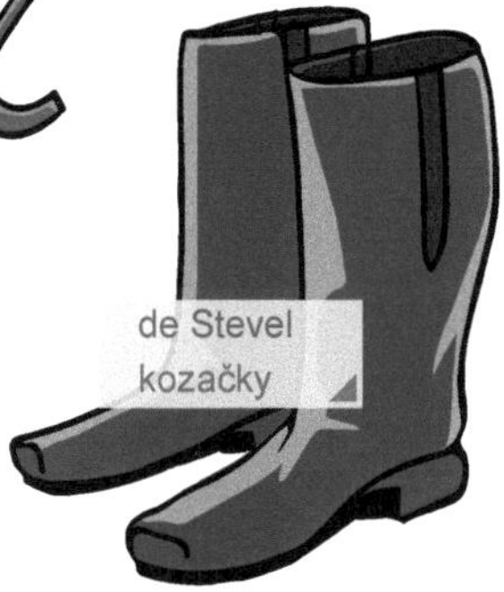

de Stevel
kozačky

de Puuschen
domácí obuv

de Turnschoh
tenisky

de Sandalen
·················
sandály

de Schoh
·················
obuv

de Gummistevel
·················
holínky

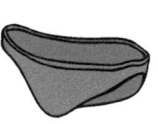

de Ünnerbüx
·················
spodní prádlo

de Bostholler
·················
podprsenka

dat Ünnerhemd
·················
nátělník

de Lief

body

de Büx

kalhoty

de Jeansnüx

džíny

de Rock

sukně

de Bluus

blůza

dat Hemd

košile

de Pullover

svetr

de Kapuzenpullover

mikina

de Blazer

blejzr

de Jack

bunda

de Mantel

kabát

de Övertrecker

pláštěnka

dat Kostüm

kostým

dat Kleed

šaty

dat Hochtietskleed

svatební šaty

de Antog

oblek

dat Nachtkleed

noční košile

de Slaapantog

pyžamo

de Sari

sárí

dat Koppdook

šátek na hlavu

de Turban

turban

de Burka

burka

de Kaftan

kaftan

de Abaya

abája

de Baadantog

plavky

de Baadbüx

pánské plavky

de Korte Büx

kraťasy

de Antog to'n Öven

tepláková souprava

de Schört

zástěra

de Handschoh

rukavice

de Knopp
knoflík

de Brill
brýle

dat Armband
náramek

de Halskeed
náhrdelník

de Ring
prsten

de Ohrbummel
náušnice

de Mütz
čepice

de Klederbögel
ramínko

de Hoot
klobouk

de Binner
kravata

de Rietslüter
zip

de Helm
helma

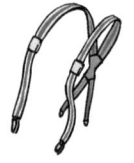

dat Drachtband
kšandy

de Schooluniform
školní uniforma

de Uniform
uniforma

de Severböten

bryndák

de Snuller

dudlík

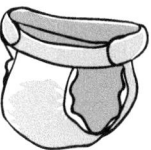

de Winnel

plena

dat Büro
kancelář

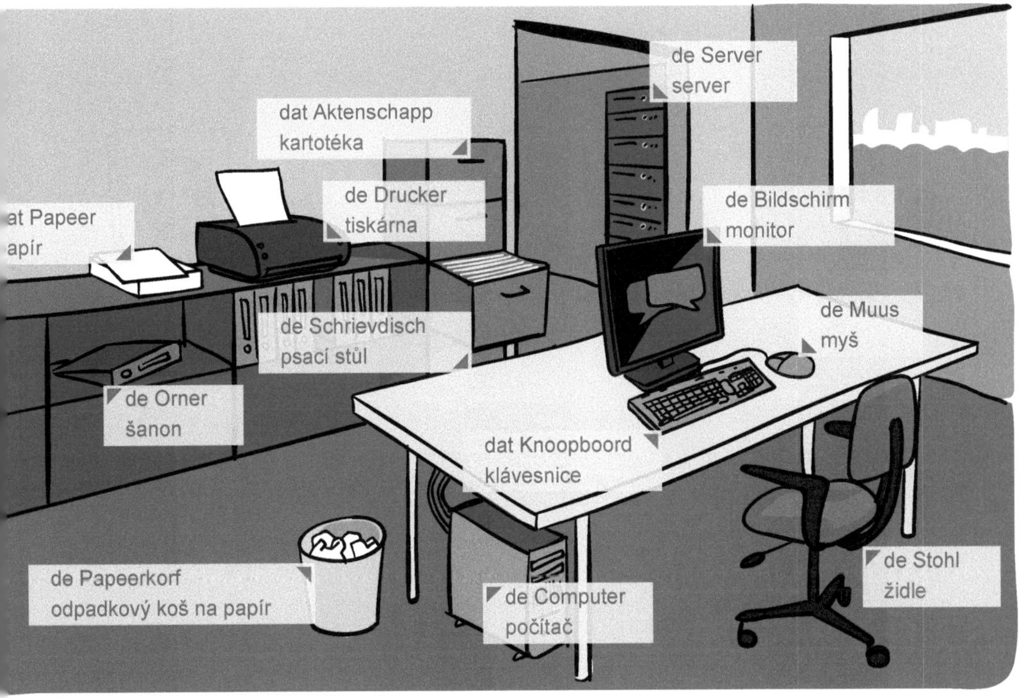

de Server
server

dat Aktenschapp
kartotéka

de Drucker
tiskárna

de Bildschirm
monitor

at Papeer
apír

de Schrievdisch
psací stůl

de Muus
myš

de Orner
šanon

dat Knoopboord
klávesnice

de Papeerkorf
odpadkový koš na papír

de Computer
počítač

de Stohl
židle

de Koffiebeker

hrnek na kávu

de Taschenreekner

kalkulačka

dat Internet

internet

de Klappreekner

notebook

de Breef

dopis

de Naricht

zpráva

de Ackersnacker

mobil

dat Nettwark

síť

de Kopeerapparat

kopírka

de Software

software

de Klöönkassen

telefon

de Steekdoos

zásuvka

de Faxapparat

fax

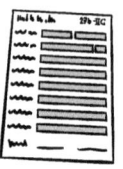

dat Formulor

formulář

dat Dokument

dokument

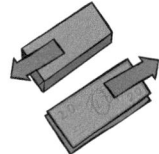

köpen

nakupovat

betahlen

zaplatit

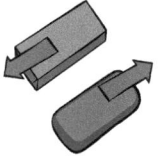

hanneln

jednat

dat Geld

peníze

de Dollar

dolar

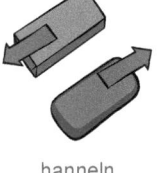

de Euro

euro

de Yen

jen

de Ruvel

rubl

de Swiezer Franken

frank

de Renminbi Yuan

juan

de Rupie

rupie

de Geldautomat

bankomat

de Wesselstuuv

směnárna

dat Gold

zlato

dat Sülver

stříbro

dat Ööl

olej

de Energie

energie

de Pries

cena

de Verdrag

smlouva

de Stüer

daň

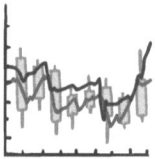

de Andeelschien

akcie

arbeiden

pracovat

de Anstellte

zaměstnanec

de Arbeitgever

zaměstnavatel

de Fabrik

továrna

de Hökerie

obchod

de Wachtmeester
policista

de Füerwehrmann
hasič

de Kock
kuchař

de Dokter
lékař

de Fleger
pilot

de Goorner

zahradník

de Discher

truhlář

de Neihersche

švadlena

de Richter

soudce

de Chemiker

chemik

de Schauspeler

herec

de Busfohrer

řidič autobusu

de Taxifohrer

řidič taxi

de Fischer

rybář

de Reinmaakfru

uklízečka

de Dackdecker

pokrývač

de Kellner

číšník

de Jäger

myslivec

de Maler

malíř

de Bäcker

pekař

de Elektriker

elektrikář

de Buarbeider

stavební dělník

de Ingenieur

inženýr

de Slachter

řezník

de Klempner

klempíř

de Postbüdel

listonoš

de Suldat

voják

de Architekt

architekt

de Kasserer

pokladní

de Florist

florista

de Putzbüdel

kadeřník

de Schaffner

průvodčí

de Mechaniker

mechanik

de Kaptein

kapitán

de Tähndokter

zubař

de Wetenschopler

vědec

de Rabbi

rabín

de Imam

imám

de Mönk

mnich

de Paap

duchovní

dat Warktüüch

nářadí

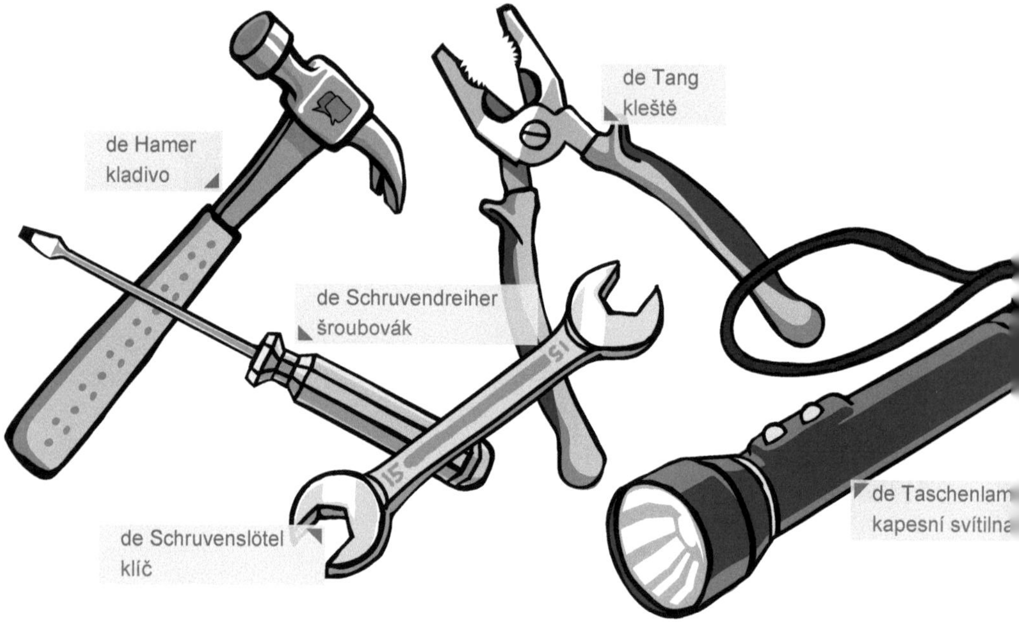
de Hamer
kladivo
de Tang
kleště
de Schruvendreiher
šroubovák
de Schruvenslötel
klíč
de Taschenlam
kapesní svítiln

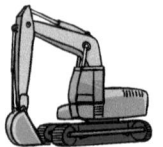

de Grieper

bagr

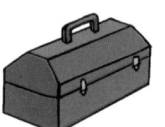

de Warktüüchkassen

skříň na nářadí

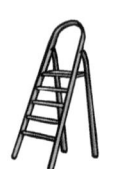

de Ledder

žebřík

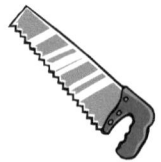

de Saag

pila

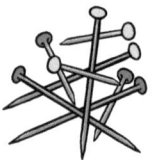

de Nagels

hřebíky

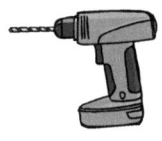

de Bohrer

vrtačka

heelmaken
....
opravit

de Schüffel
....
lopata

Schiet!
....
Kurva!

dat Kehrblick
....
lopatka

de Farvpott
....
vědroé na barvu

de Schruven
....
šrouby

de Musikinstrumenten
hudební nástroje

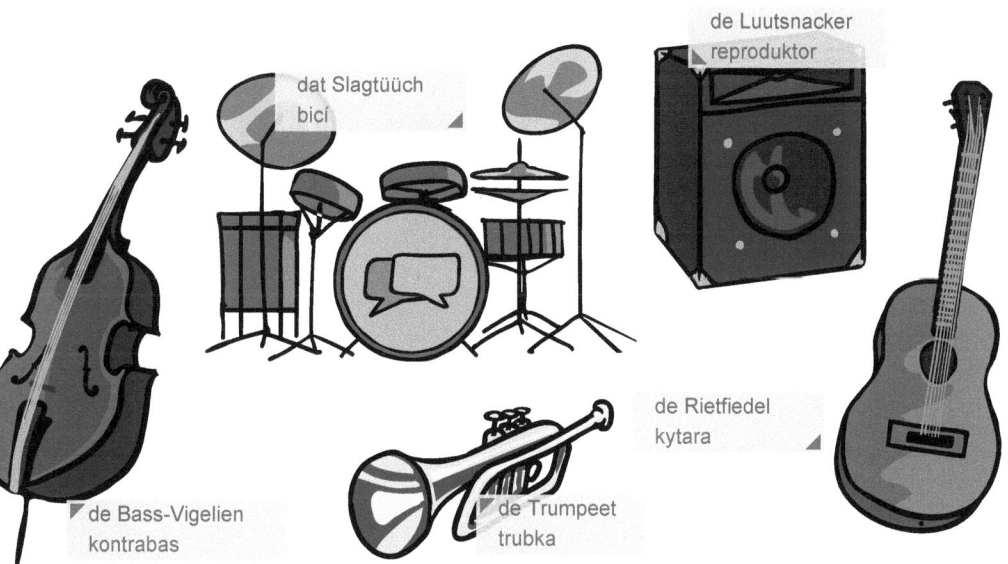

de Luutsnacker
reproduktor

dat Slagtüüch
bicí

de Rietfiedel
kytara

de Bass-Vigelien
kontrabas

de Trumpeet
trubka

dat Klaveer

klavír

de Vigelien

housle

de Bass

basa

de Pauk

tympán

de Trummeln

bubny

dat Keyboard

keyboard

dat Saxophon

saxofon

de Fleut

flétna

dat Mikrofoon

mikrofon

de Deertenpark

zoo

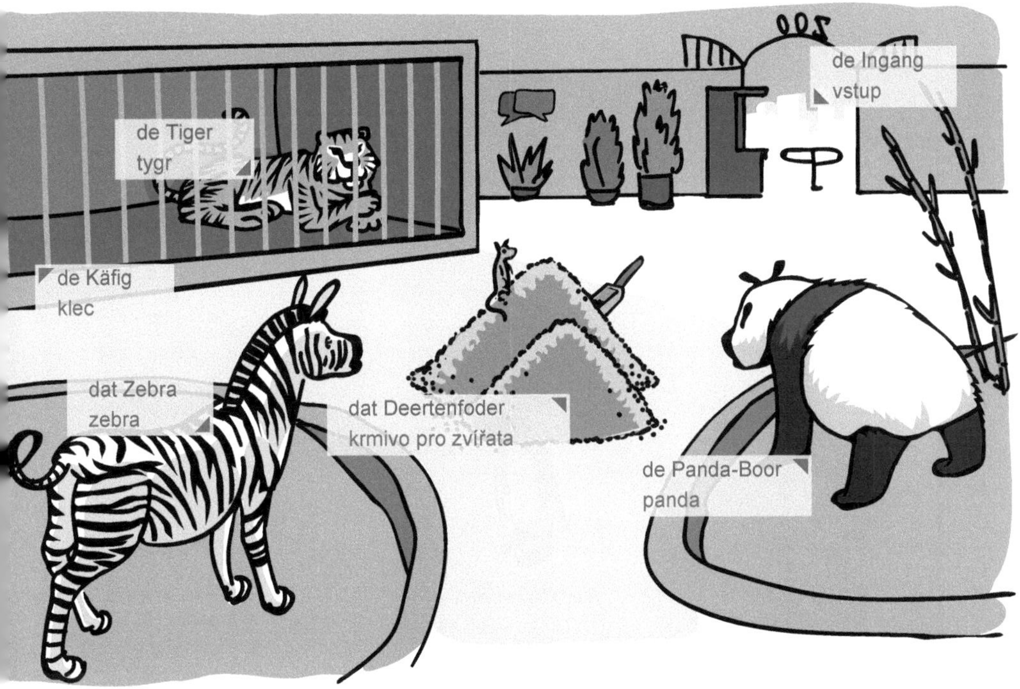

de Ingang
vstup
de Tiger
tygr
de Käfig
klec
dat Zebra
zebra
dat Deertenfoder
krmivo pro zvířata
de Panda-Boor
panda

de Deerten

zvířata

de Elefant

slon

dat Känguru

klokan

dat Neeshoorn

nosorožec

de Gorilla

gorila

de Boor

medvěd

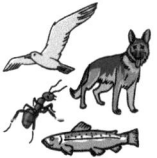

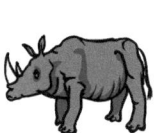

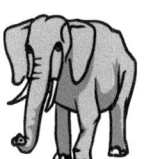

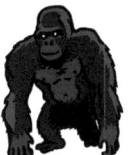

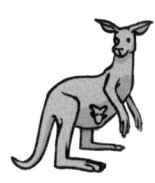

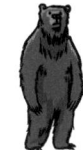

dat Kameel

velbloud

de Struuß

pštros

de Lööv

lev

de Aap

opice

de Flamingo

plameňák

de Papagoi

papoušek

de Iesboor

lední medvěd

de Pinguin

tučňák

de Haifisch

žralok

de Pageluun

páv

de Slang

had

dat Krokodil

krokodýl

de Oppasser in'n
Deertenpark
ošetřovatel zvířat

de Saalhund

tuleň

de Jaguor

jaguár

dat Pony

poník

de Leopard

leopard

dat Nilpeerd

hroch

de Giraff

žirafa

de Aadler

orel

dat Wildswien

divoké prase

de Fisch

ryby

de Schildkrööt

želva

dat Walross

mrož

de Voss

liška

de Gazell

gazela

de Sport
sport

de Amerikaansch Football
americký fotbal

dat Radfohren
cyklistika

dat Tennis
tenis

de Korfball
košíková

dat Swümmen
plavání

dat leshockey
lední hokej

dat Boxen
box

de Football
....
kopaná

dat Fedderball
....
badminton

de Leichtathletik
....
lehká atletika

de Handball
....
házená

dat Skilopen
....
běh na lyžích

dat Polo
....
vodní pólo

de Aktivitäten
aktivity

lachen
smát se
springen
skočit
ümarmen
objímat
gahn
jít
singen
zpívat
drömen
snít
beden
modlit se
snuteln
políbit

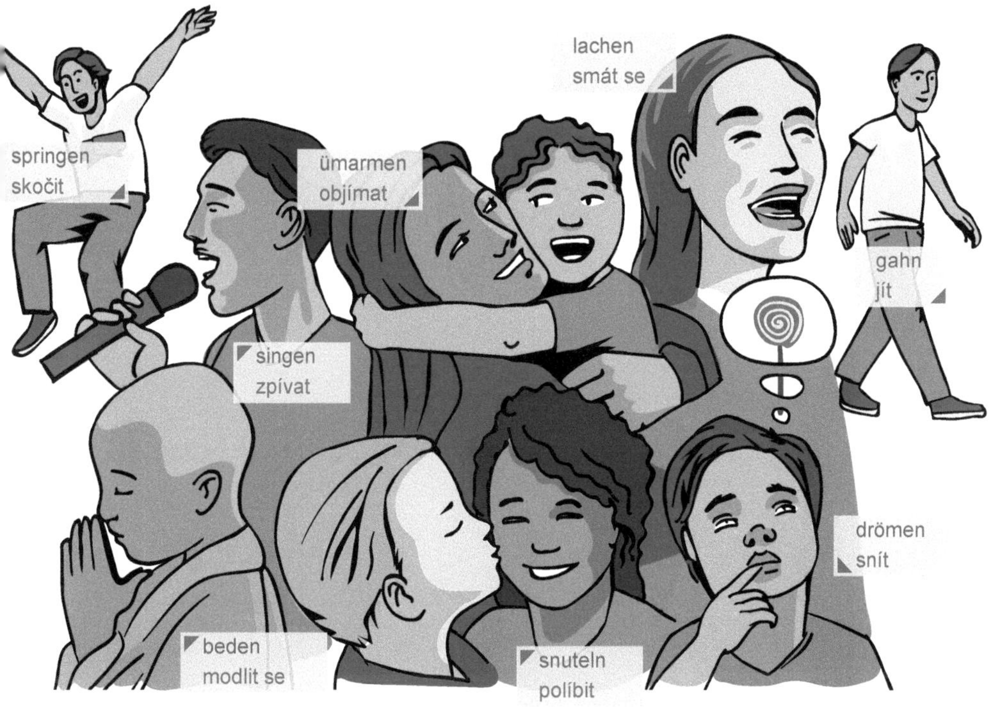

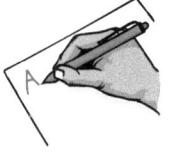

schrieven
psát

teken
kreslit

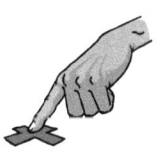

wiesen
ukazovat

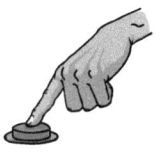

drücken
tlačit

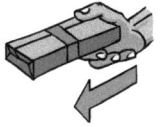

geven
dát

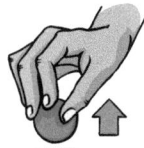

nehmen
vzít si

hebben

mít

doon

dělat

sien

být

stahn

stát

lopen

běhat

trecken

táhnout

smieten

hodit

fallen

padat

liggen

ležet

töven

čekat

dregen

nosit

sitten

sedět

antrecken

oblékat

slapen

spát

opwaken

vzbudit se

ankieken

prohlédnout si

wenen

plakat ·

eien

pohladit

kämmen

česat

snacken

hovořit

verstahn

rozumět

fragen

ptát se

hören

slyšet

drinken

pít

eten

jíst

oprümen

uklidit

leefhebben

milovat

kaken

vařit

fohren

jet

flegen

letět

de Aktivitäten - aktivity

segeln

plachtit

reken

počítat

lesen

číst

lehren

učit se

arbeiden

pracovat

de Plünnen tohoopsmieten

vzít si

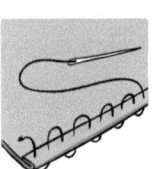

neihen

šít

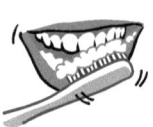

Tähnen putzen

čistit si zuby

dootmaken

zabít

smöken

kouřit

schicken

poslat

de Familje
rodina

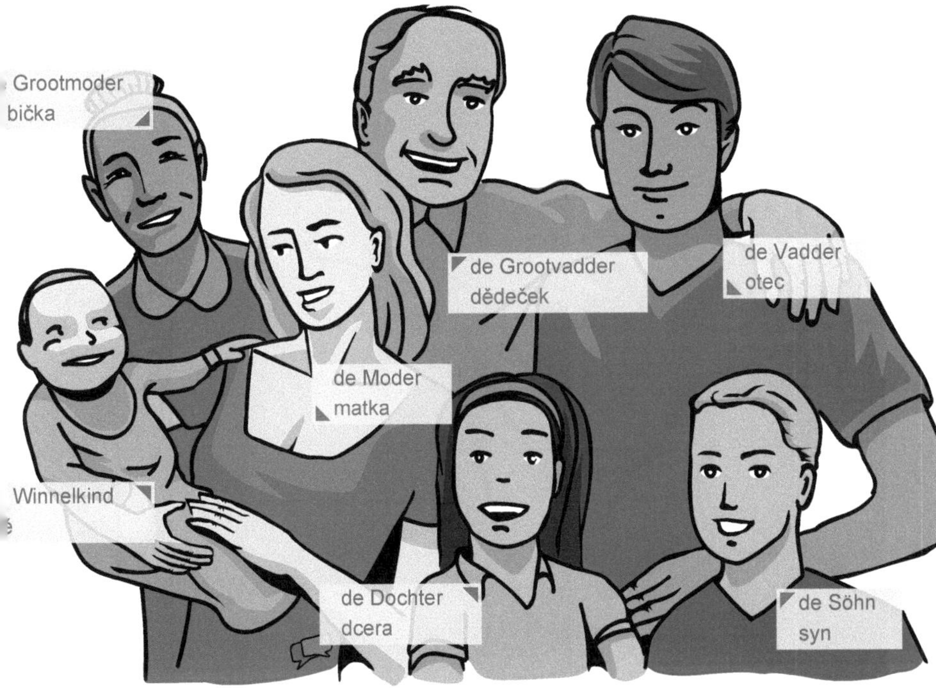

Grootmoder
bička
de Grootvadder
dědeček
de Vadder
otec
de Moder
matka
Winnelkind
de Dochter
dcera
de Söhn
syn

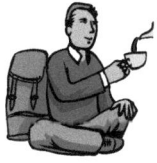

de Gast

host

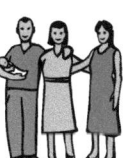

de Tant

teta

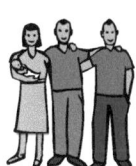

de Unkel

strýc

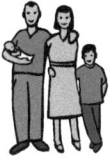

de Broder

bratr

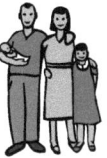

de Süster

sestra

de Lief

tělo

de Vörkopp
čelo
dat Oog
oko
de Schuller
rameno
de Finger
prst
dat Gesicht
obličej
dat Kinn
brada
de Hand
ruka
dat Been
dolní končetina
de Bost
hruď
de Arm
paže

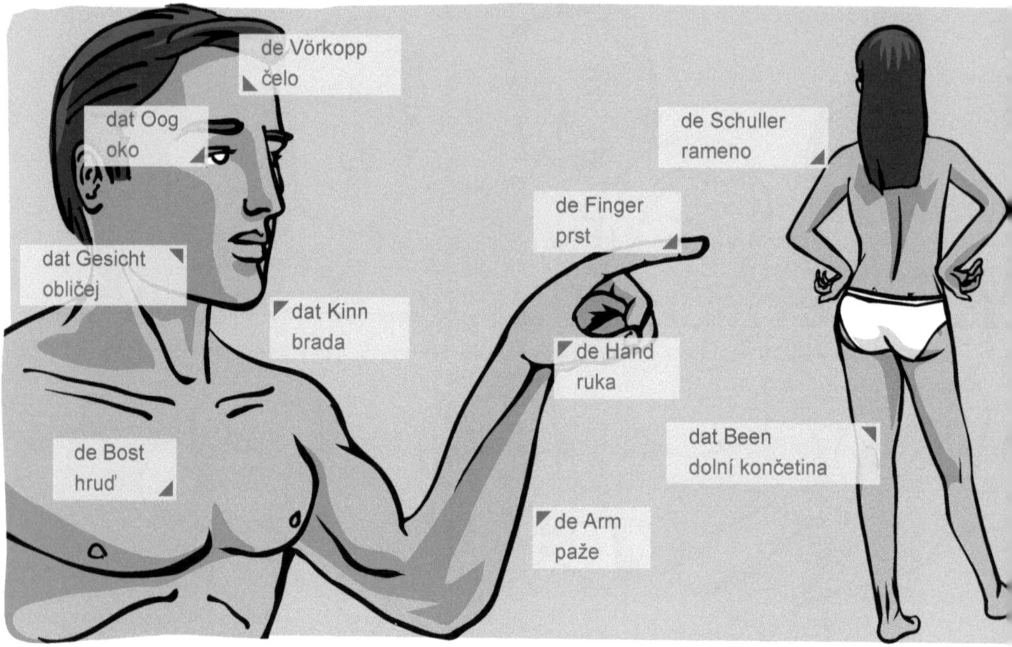

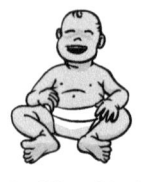

dat Winnelkind

dítě

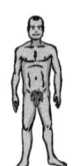

de Mann

muž

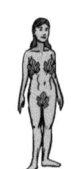

de Fro

žena

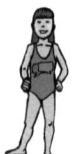

de Deern

dívka

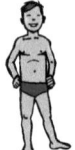

de Jung

chlapec

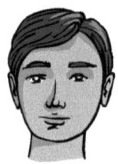

de Arm

hlava

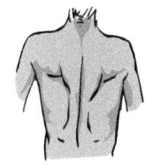

de Rüch

záda

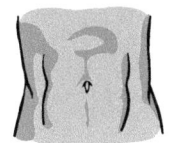

de Buuk

břicho

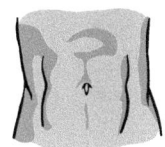

de Navel

pupík

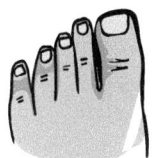

de Teh

prst na noze

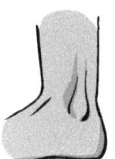

de Hack

pata

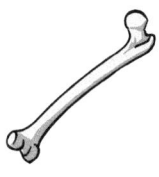

de Knaken

kost

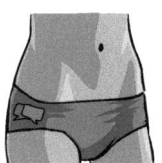

de Hüft

bok

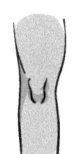

dat Knee

koleno

de Ellbagen

loket

de Nees

nos

de Achtersen

zadek

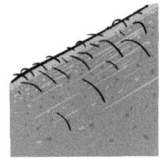

de Huut

kůže

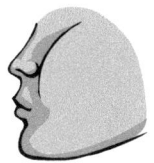

de Back

tvář

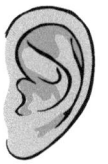

dat Ohr

ucho

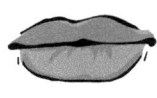

de Lipp

ret

de Mund

ústa

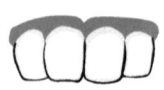

de Tähn

zub

de Tung

jazyk

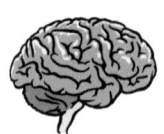

de Bregen

mozek

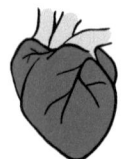

dat Hart

srdce

de Muskel

sval

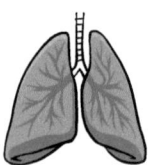

de Lung

plíce

de Lever

játra

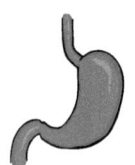

de Maag

žaludek

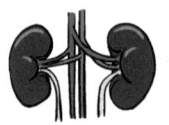

de Neren

ledviny

de Bislaap

pohlavní styk

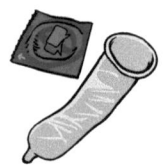

dat Kondoom

kondom

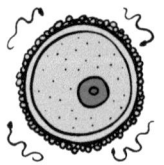

de Eizell

vajíčko

dat Sperma

sperma

de Anner Ümstänn

těhotenství

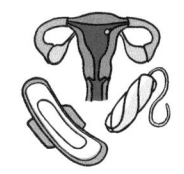

de Menstruatschoon

menstruace

de Scheed

vagina

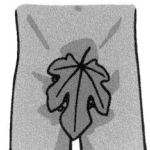

de Pint

penis

de Ogenbroe

obočí

dat Hoor

vlasy

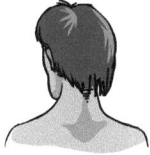

de Hals

krk

dat Krankenhuus
nemocnice

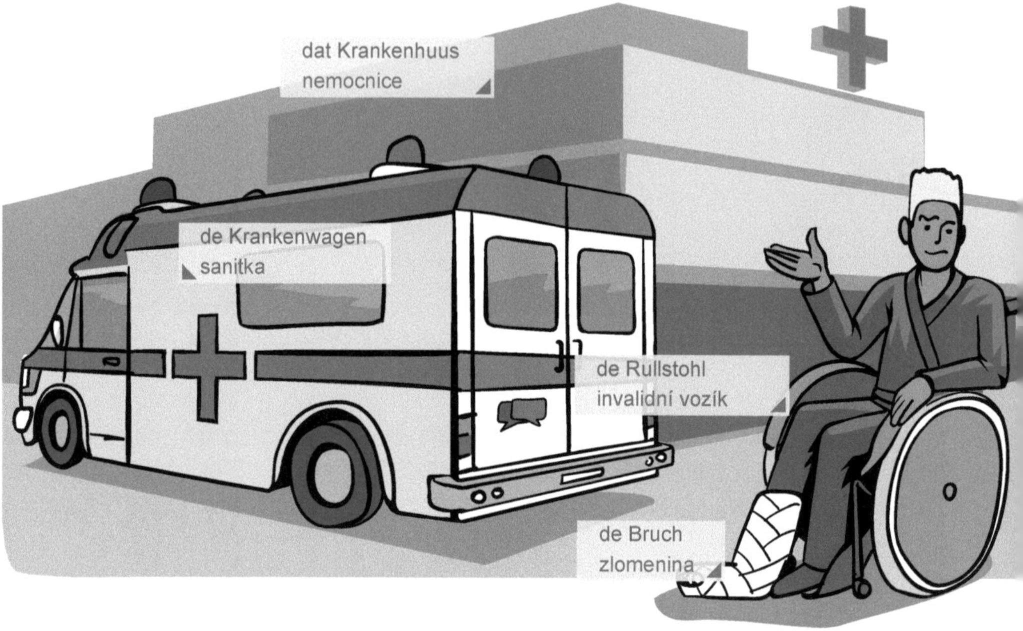

dat Krankenhuus
nemocnice
de Krankenwagen
sanitka
de Rullstohl
invalidní vozík
de Bruch
zlomenina

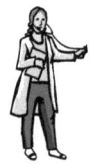

de Dokter

lékař

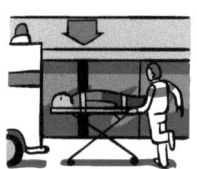

de Nootopnahm

pohotovost

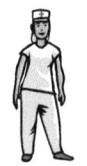

de Krankensüster

zdravotní sestra

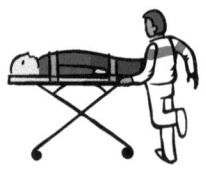

de Nootfall

urgentní případ

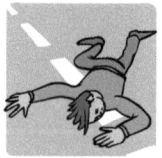

ahnmächtig

v bezvědomí

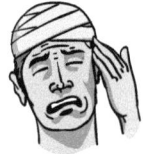

de Wehdaag

bolest

de Verwunnen

úraz

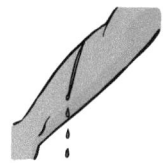

de Blöden

krvácení

de Hartinfarkt

infarkt myokardu

de Slaganfall

cévní mozková příhoda

de Allergie

alergie

de Hoosten

kašel

dat Fever

horečka

de Gripp

chřipka

de Dörchfall

průjem

de Koppwehdaag

bolest hlavy

de Kreeft

rakovina

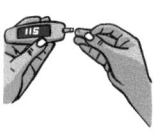

de Zuckersüük

cukrovka

de Chirurg

chirurg

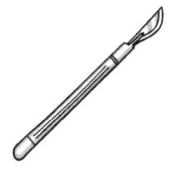

dat Chirurgsch Mess

skalpel

de Operatschoon

operace

dat CT

CT

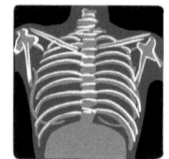

de Dörchlüchten

rentgen

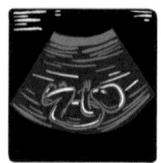

de Ultraschall

ultrazvuk

de Mask

maska

de Krankheit

nemoc

de Töövruum

čekárna

de Krück

berle

dat Plaaster

náplast

de Verband

obvaz

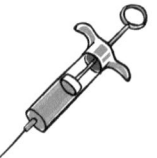

de Insprütten

injekce

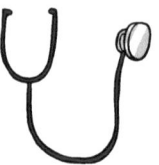

dat Stethoskop

stetoskop

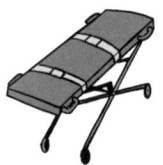

de Draag

nosítka

dat Feverthermometer

teploměr

de Geboort

porod

dat Övergewicht

nadváha

dat Krankenhuus - nemocnice

de Höörapparat

naslouchátko

dat Kiemfriemiddel

dezinfekční prostředek

de Ansteken

infekce

de Virus

virus

dat HIV / AIDS

HIV / AIDS

dat Heelmiddel

lékařství

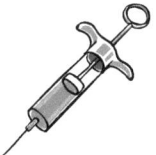

de Impen

očkování

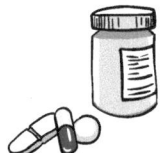

de Tabletten

tablety

de Pill

pilulka

de Nootroop

tísňové volání

de Blootdruck-Meter

tonometr

krank / gesund

nemocný / zdravý

Hölp!

Pomoc!

de Alarm

poplach

de Överfall

přepadení

de Angreep

napadení

de Gefohr

nebezpečí

de Nootutgang

nouzový východ

dat Füer!

Hoří!

de Füerlöscher

hasicí přístroj

de Unfall

nehoda

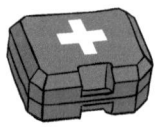

de Noothölpkoffer

zdravotnická brašna

SOS

SOS

de Polizei

policie

Europa

Evropa

Noordamerika

Severní Amerika

Süüdamerika

Jižní Amerika

Afrika

Afrika

Asien

Asie

Australien

Austrálie

de Atlantik

Atlantik

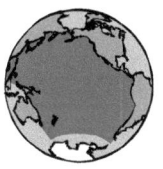

de Pazifik

Pacifik

dat Indisch Weltmeer

Indický oceán

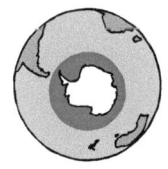

dat Antarktisch Weltmeer

Jižní ledový oceán

dat Arktisch Weltmeer

Severní ledový oceán

de Noordpol

severní pól

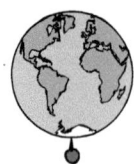

de Süüdpol

jižní pól

de Antarktis

Antarktida

de Eerd

země

dat Land

pevnina

de See

moře

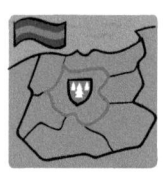

dat Eiland

ostrov

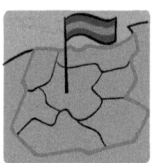

de Natschoon

národ

de Staat

stát

de Eerd - země

dat Tallenblatt

ciferník

de Stunnenwieser

hodinová ručička

de Minutenwieser

minutová ručička

de Sekunnenwieser

vteřinová ručička

Wo laat is dat?

Kolik je hodin?

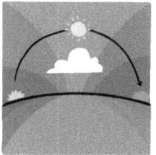

de Dag

den

de Tiet

čas

nu

teď

de digetaalsch Klock

digitální hodinky

de Minuut

minuta

de Stunn

hodina

de Week
týden

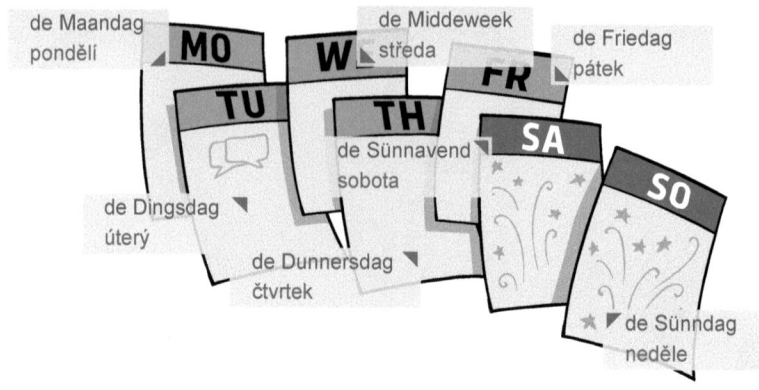

de Maandag / pondělí
de Middeweek / středa
de Friedag / pátek
de Dingsdag / úterý
de Dunnersdag / čtvrtek
de Sünnavend / sobota
de Sünndag / neděle

güstern
....
včera

hüüt
....
dnes

morgen
....
zítra

de Morgen
....
ráno

de Meddag
....
poledne

de Avend
....
večer

MO	TU	WE	TH	FR	SA	SU
1	2	3	4	5	6	7
8	9	10	11	12	13	14
15	16	17	18	19	20	21
22	23	24	25	26	27	28
29	30	31	1	2	3	4

de Arbeitsdaag
....
pracovní dny

MO	TU	WE	TH	FR	SA	SU
1	2	3	4	5	6	7
8	9	10	11	12	13	14
15	16	17	18	19	20	21
22	23	24	25	26	27	28
29	30	31	1	2	3	4

dat Wekenenn
....
víkend

dat Johr
rok

de Regen
déšť
de Regenbagen
duha
de Snee
sníh
de Wind
vítr
dat Fröhjohr
jaro
de Harvst
podzim
de Sommer
léto
de Winter
zima

4.APRIL 11°
5.APRIL 4°
6.APRIL 13°
7.APRIL 8°
8.APRIL 10°

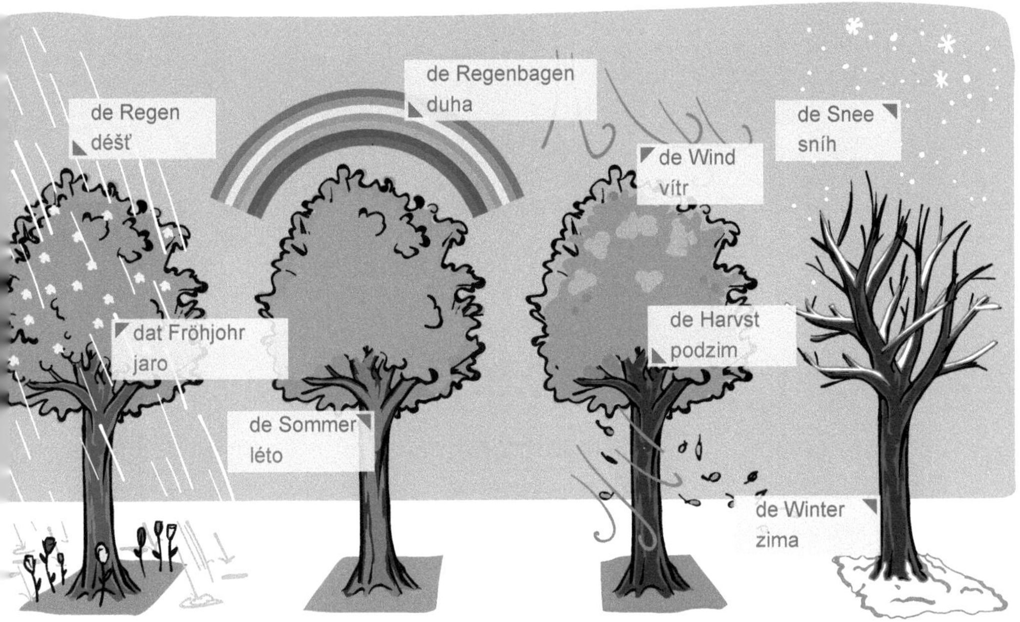

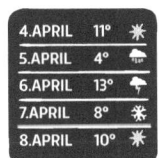

de Wedervörhersaag

předpověď počasí

F C
120 40
90 30
60 20
30 10
0 0
-30 -10

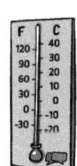

dat Thermometer

teploměr

de Sünnenschien

sluneční svit

de Wulk

mrak

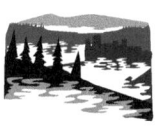

de Nevel

mlha

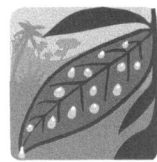

de Luftfuchtigkeit

vlhkost

de Blitz
blesk

de Dunner
hrom

de Storm
bouřka

de Hagel
kroupy

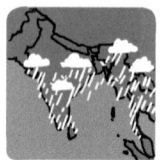

de Monsun
monzun

de Floot
povodeň

dat Ies
led

de Januormaand
leden

de Februormaand
únor

de Martmaand
březen

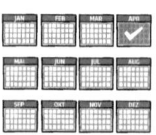

de Aprilmaand
duben

de Maimaand
květen

de Junimaand
červen

de Julimaand
červenec

de Augustmaand
srpen

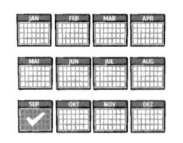

de Septembermaand
....
září

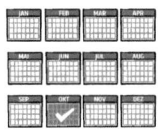

de Oktobermaand
....
říjen

de Novembermaand
....
listopad

de Dezembermaand
....
prosinec

de Formen
tvary

de Krink
....
kruh

dat Quadrat
....
čtverec

dat Rechteck
....
obdélník

dat Dreeeck
....
trojúhelník

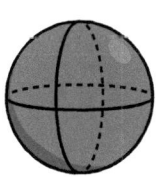

de Kugel
....
koule

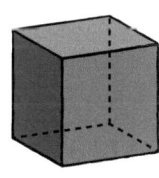

de Wörpel
....
krychle

witt

bílá

geel

žlutá

orangsch

oranžová

pink

růžová

root

červená

lila

fialová

blau

modrá

gröön

zelená

bruun

hnědá

gries

šedá

swart

černá

veel / wenig

hodně / málo

böös / verdreeglich

rozzuřený / mírumilovný

smuck / mies

krásný / ošklivý

de Begünn / dat Enn

začátek / konec˙

groot / lütt

velký / malý

hell / düüster

světlý / tmavý

de Broder / de Süster

bratr / sestra

schier / schietig

čistý / špinavý

kumpleet / nich kumpleet

úplný / neúplný

de Dag / de Nacht

den / noc

doot / lebennig

mrtvý / živý

breet / small

široký / úzký

geneetbor / nich geneetbor

jedlý / nejedlý

böös / fründlich

zlý / hodný

fickerig / langwielt

vzrušený / znuděný

dick / dünn

tlustý / hubený

toeerst / toletzt

nejdříve / naposledy

de Fründ / de Fiend

přítel / nepřítel

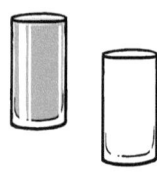

vull / leddig

plný / prázdný

hart / week

tvrdý / měkký

swoor / licht

těžký / lehký

de Smacht / de Döst

hlad / žízeň

krank / gesund

nemocný / zdravý

nich na't Recht / na't Recht

ilegální / legální

klook / dummerhaftig

inteligentní / hloupý

linkerhand / rechterhand

vlevo / vpravo

neeg / feern

blízko / daleko

nieg / bruukt

nový / použitý

nix / wat

nic / něco

oolt / jung

starý / mladý

an / ut

zapnutý / vypnutý

apen / slaten

otevřeno / zavřeno

lies / luut

tichý / hlasitý

riek / arm

bohatý / chudý

richtig / verkehrt

správný / špatný

ruug / glatt

drsný / hladký

trurig / glücklich

smutný / šťastný

kort / lang

krátký / dlouhý

suutje / flink

pomalý / rychlý

natt / dröög

vlhký / suchý

warm / köhl

teplý / chladný

de Krieg / de Freden

válka / mír

0

null

nula

1

een

jedna

2

twee

dva

3

dree

tři

4

veer

čtyři

5

fief

pět

6

söss

šest

7

söven

sedm

8

acht

osm

9

negen

devět

10

teihn

deset

11

ölven

jedenáct

12
twölf
dvanáct

13
dörteihn
třináct

14
veerteihn
čtrnáct

15
föffteihn
patnáct

16
sössteihn
šestnáct

17
söventeihn
sedmnáct

18
achtteihn
osmnáct

19
negenteihn
devatenáct

20
twintig
dvacet

100
hunnert
sto

1.000
dusend
tisíc

1.000.000
million
milion

dat Engelsch

angličtina

dat Amerikaansch Engelsch

americká angličtina

dat Chineesch Mandarin

standardní čínština

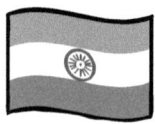

dat Hindi

hindština

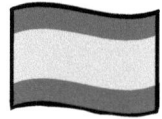

dat Spaansch

španělština

dat Franzöösch

francouzština

dat Araabsch

arabština

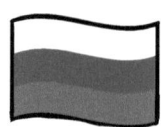

dat Rusch

ruština

dat Portugiesch

portugalština

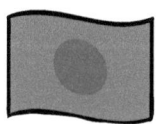

dat Bengaalsch

bengálština

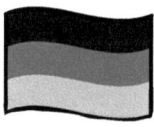

dat Düütsch

němčina

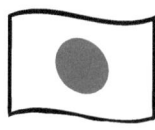

dat Japaansch

japonština

ik
já

du
ty

♂ ♀ ○

he / se / dat
on / ona / ono

wi
my

ji
vy

se
oni

keen?
Kdo?

wat?
Co?

woans?
Jak?

woneem?
Kde?

wannehr?
Kdy?

HELLO, I AM

de Naam
jméno

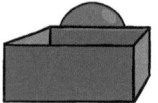

achter

za

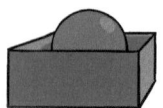

in

do

vör

z

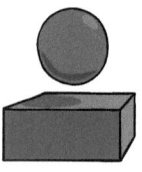

över

nad

op

na

ünner

mezi

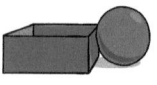

blangen

vedle

twüschen

mezi

de Oort

místo